# TIAGO GONÇALVES

# TED TEM TOD

Ilustrações
**Ana Cardia**

Ciranda
na Escola

Dados Internacionais de Catalogação na Publicação (CIP) de acordo com ISBD

G635t   Gonçalves, Tiago

   Ted tem TOD / Tiago Gonçalves ; ilustrado por Ana Cardia. – Jandira: Ciranda na Escola, 2025.
   32 p. : il. ; 20,5cm x 27,5cm.

   ISBN: 978-65-5384-555-8

   1. Literatura infantil. 2. Comportamento. 3. Acolhimento. 4. Deficiências ocultas. 5. Emoções. 6. Sentimentos. 7. Inteligência emocional. I. Cardia, Ana. II. Título.

   2025-1976                                    CDD 028.5
                                                CDU 82-93

Elaborada por Vagner Rodolfo da Silva - CRB-8/9410

Índice para catálogo sistemático:
1. Literatura infantil 028.5
2. Literatura infantil 82-93

Ciranda na Escola é um selo do Grupo Ciranda Cultural.

© 2025 Ciranda Cultural Editora e Distribuidora Ltda.
Coordenação editorial: Elisângela da Silva
Texto © Tiago Gonçalves
Ilustrações: Ana Cardia
Edição: Layane Almeida
Preparação: Paloma Blanca
Revisão: Lígia Arata Barros e Adriane Gozzo
Diagramação: Imaginare Studio
Produção: Ciranda Cultural

1ª Edição em junho de 2025
www.cirandacultural.com.br

Todos os direitos reservados. Nenhuma parte desta publicação pode ser reproduzida, arquivada em sistema de busca ou transmitida por qualquer meio, seja ele eletrônico, fotocópia, gravação ou outros, sem prévia autorização do detentor dos direitos, e não pode circular encadernada ou encapada de maneira distinta daquela em que foi publicada, ou sem que as mesmas condições sejam impostas aos compradores subsequentes.

Aos meus amores...
... os que me amaram antes: Odilce, Nivaldo e Thainá.
... o que escolhi para sempre amar: CamiLinda, é claro.
E à madrinha literária, Telma Guimarães,
pela inspiração de coragem.

Ted vivia irritado!

De uns tempos para cá, passou a apresentar uma cara fechada, de poucos amigos, bem carrancuda.

– Esse menino tem pavio curto! – dizia a avó.

A mãe, que tinha lido muitas vezes a história da Branca de Neve para Ted, afirmava que o filho se parecia com o Zangado, o personagem mais estressado dos contos de fadas.

– Coloque um sorriso nesse rosto, garoto! – pedia o pai.

Ted ficava ainda mais nervoso!

– NA-NA-NI-NA-NÃO! GRRRRRR – rosnava, feito um cachorro bravo.

O mesmo acontecia com as regras. O menino não gostava delas. Até mesmo os pequenos combinados diários, como escovar os dentes, tomar banho e ir para a cama, acabaram ficando descombinados.

E tinha mais: Ted adorava desafiar as pessoas.

Em casa, provocava os pais.
– **NÃO VOU, NÃO VOU, NÃO VOU!**

Na escola, desobedecia à professora.
– **NÃO FAÇO, NÃO FAÇO, NÃO FAÇO!**

No futebol, afrontava o treinador.
– **NÃO QUERO, NÃO QUERO, NÃO QUERO!**

Até Malu, sua melhor amiga, Ted resolveu desafiar.
– **NÃO BRINCO, NÃO BRINCO, NÃO BRINCO!**

Aos poucos, as pessoas também passaram a confrontá-lo, repetindo a palavra que Ted mais usava: **NÃO!**

Ah, mas quando escutava um **NÃO**, ele virava uma fera. Soltava fogo pelas ventas, transformava-se em onça cutucada com vara curta.

E não parava por aí: para chamar ainda mais a atenção, jogava-se no chão, esperneava, gritava e chorava... tudo junto e ao mesmo tempo.

Em um desses ataques de raiva, Ted saiu resmungando pelo condomínio.

– Não gosto que me digam **NÃO!** – repetia sem parar.

Quando chegou ao parquinho, avistou, em um dos galhos de uma jabuticabeira, um gato preto e branco se espreguiçando.

– Um gatinho! Vou chamá-lo de Tod – foi logo batizando o bichinho.

Sabe de uma coisa? Não é nada fácil domesticar um gatinho. Muito menos Tod. Ele era arisco, teimoso, desobediente e raivoso. Tal como Ted.

– Desce aqui, Tod! E sem demora! – gritava Ted, impaciente.

– **MIAU! MIAU! MIAU!** – respondia Tod, desafiando o garoto. E lá ficava na árvore, sem mexer uma pata.

O tempo passava... e nada. Nada de o gatinho obedecer ao menino, mesmo depois de muitos pedidos.

Ted já estava ficando rouco, quando, finalmente, Tod resolveu descer da árvore e seguir o menino até sua casa.

Na porta principal, depois de ganhar alguns arranhões de Tod, o garoto conseguiu acomodá-lo no colo.

Só então contou a novidade aos pais.

– Trouxe um gatinho para casa – avisou, todo contente.

– Se ele for obediente, pode ficar – disse a mãe. – Bem obediente, viu?

O garoto comemorou sua primeira conquista.

– Do colo para o quarto, em segurança. Chegamos!

Mas, depois de alguns minutos na Tedilândia – nome que o pai havia dado ao quarto do menino – o gato passou a pular para tudo quanto era lado.

O estrago foi grande: quebrou o troféu de artilheiro, arranhou a cadeira de estudos, mordeu o cabo da TV, rasgou a cortina de super-herói...

– Que gatinho mais levado! – repreendeu Ted, com a cara emburrada.

– **MIAU! MIAU! MIAU!** – desafiou Tod, nem ligando para a bronca.

A confusão continuou. Ted ordenando, Tod desobedecendo. O menino até pensou em desistir do gatinho.

"Acho que vou levar Tod de volta para a árvore", pensou.

Ah, não! O sonho de Ted sempre foi ter um gatinho.

Sim… mas um bichinho manso, dócil, bonzinho e comportado igual à Luna, a gatinha de Malu, sua vizinha e melhor amiga.

O tempo passou igual a um foguete, e Tod continuou a fazer estripulias. A última delas foi devorar o álbum de figurinhas de Ted.

– Tod, já me cansei do seu mau comportamento! – reclamou o menino, e com toda a razão.

No outro dia, bem cedinho, o menino teve uma ideia: convidar Malu e Luna para ensinarem bons modos a Tod.

Missão dada, Malu adorou o convite.

Quando a menina chegou à Tedilândia, levou um susto. A bagunça era gigantesca!

– Ted! O primeiro ensinamento é: você não pode deixar Tod fazer tudo o que deseja no seu quarto. Precisa colocar limites – falou Malu, imitando a tia Camila, sua psicóloga.

– Colocar limites em um gato? – retrucou o menino. – Como assim?

– Isso mesmo. Você tem que dizer o que ele pode fazer e o que não pode. Regras e limites.

Ao ouvir o conselho de Malu, Ted se lembrou de uma conversa entre a avó e a mãe dele. A vovó dizia:

– Ted precisa de limites. Regras claras nos fazem sentir seguros. E uma criança segura passa a controlar melhor a raiva, a não desafiar tanto as pessoas e ainda consegue receber um **NÃO** sem fazer birra.

Nesse mesmo instante, Ted se transformou em professor de boas maneiras de Tod.

– É isso! Mesmo um gatinho como Tod precisa de limites e regras – constatou.

No começo das aulas, o esforço não adiantou muito. O gato ainda o desafiava.

– **MIAU! MIAU! MIAU!** – repetia enquanto pulava e arranhava os móveis da casa.

Nessas horas, para não perder a paciência e ficar enfurecido, Ted se lembrava de uma brincadeira muito divertida ensinada por Malu.

– Quando estiver ficando bravo, faça o seguinte: imagine em sua frente uma flor e um cata-vento.

– Para que, Malu?

– Você pode não acreditar, mas isso vai trazer tranquilidade. Para dar certo, você precisa cheirar profundamente a flor e soprar o cata-vento com bastante fôlego. Repita algumas vezes, combinado? – ensinou a amiga.

Ted amou a brincadeira. Cheirava a flor e soprava o cata-vento imaginário. Uma, duas, dez vezes… quanto fosse preciso.

E sabe o que isso trazia para ele?

Ted passou, então, a usar o exercício toda vez que Tod vinha desafiá-lo. A brincadeira o ajudava a conversar com o gatinho com mais paciência e tranquilidade.

– Tod, você não pode arranhar meu colchão. Afie suas unhas no seu arranhador. Vamos tentar? – convidava o menino, sem perder a calma.

E quando o gatinho finalmente obedecia...

– Viu, Tod? Você conseguiu! – exclamava Ted, batendo palmas, feliz da vida.

Os meses se passaram, e Tod passou a cumprir os combinados e não destruiu mais o quarto de Ted.

Assim, tornou-se um morador oficial da casa!

Em uma noite, animado com a mudança de Tod, Ted pensou alto em meio à Tedilândia:

– Malu diz que sou igualzinho ao Tod! Sou mesmo: desobedeço, desafio e fico nervoso. Mas, se ele mudou, eu também posso mudar.

Ted, a partir de então, passou a desafiar e a desobedecer **MENOS**...

**MENOS...**

**MENOS...**

**CADA VEZ MENOS...**

– Cansei de dizer **NÃO**! – exclamava para Tod.

– Miauuuu! – aprovava o gatinho.

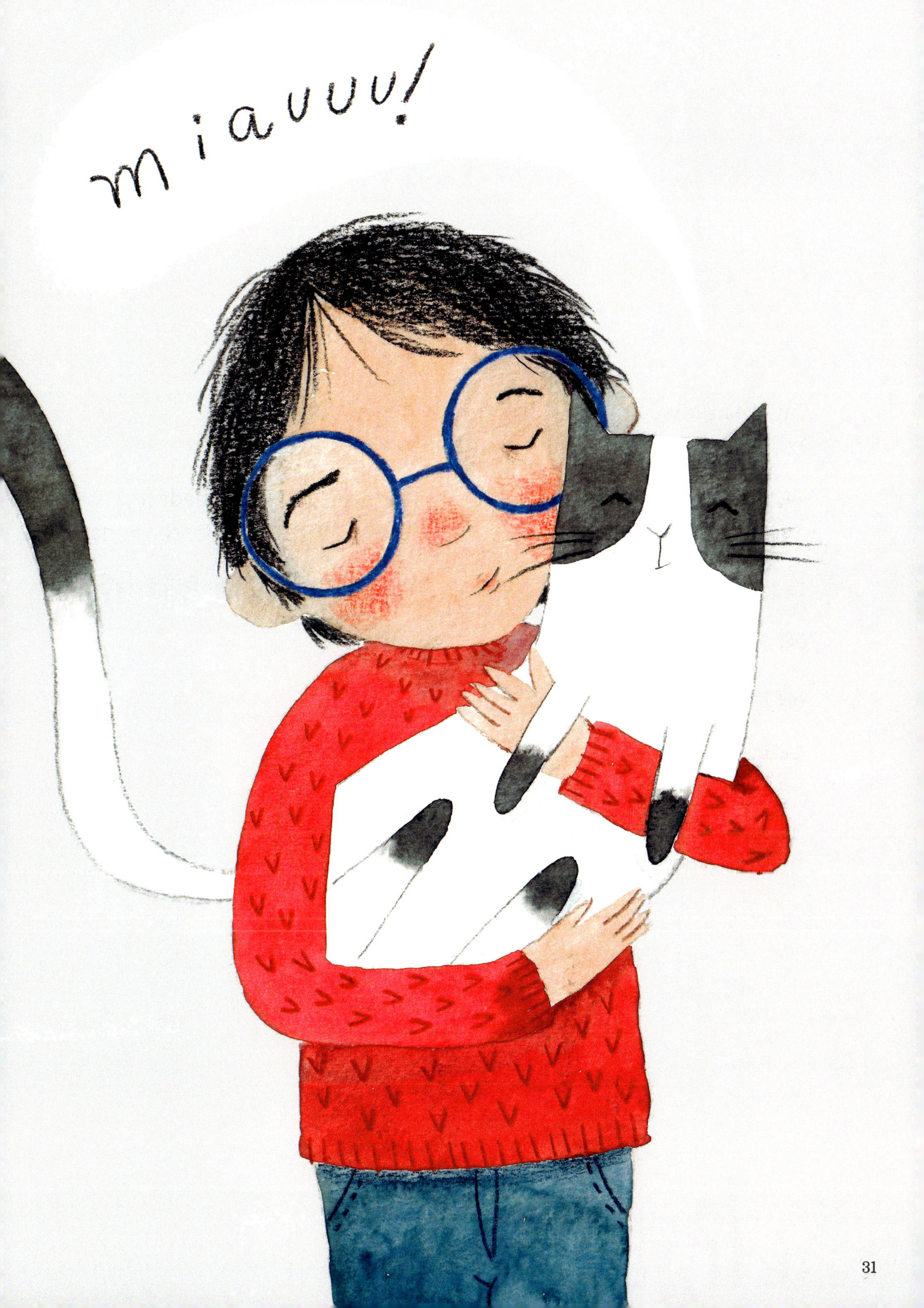
miauuu!

## TIAGO GONÇALVES

Atire a primeira palavra quem nunca se sentiu desafiado! Eu me senti ao escrever esta história. Detalhe: os dois gatos da narrativa são reais — Luna, minha gatinha, e Frajola, um gatinho espoleta conhecido meu e que aqui recebe o nome de Tod. E quem sou eu? Tiago Gonçalves, mineiro de Três Corações. Por ser apaixonado pelo voo das palavras, tornei-me jornalista cultural e tenho formação em artes dramáticas. A psicologia também me fisgou, e, por isso mesmo, faltam poucos passos para me tornar psicólogo! Nessa narrativa de estreia, desejo cativar as crianças a respeito do bem-estar psicoemocional. Bora mergulhar?
Saiba mais sobre mim em 📷 psique_le.

## ANA CARDIA

Aceitei o desafio de ilustrar esta história usando minhas ferramentas prediletas: lápis de cor, tinta aquarela e pincéis! Meu nome é Ana Carolina de Paula Ewbank, sou de Franca (SP) e desenho desde criança. Naquela época não poderia imaginar que meus rabiscos pudessem estar em livros contando histórias. Desenhar me conecta a criança que fui e ainda mora em mim. Acredito que linhas desenhadas, escritas, bordadas ou costuradas são cordões capazes de nos conectar com nossas próprias histórias e com o mundo.